태산목 그대

김 미 순 시집

시와사람

김미순 시집
태산목 그대

2021년 12월 10일 인쇄
2021년 12월 15일 발행

지은이 | 김 미 순
펴낸이 | 강 경 호
인쇄 · 기획 | 도서출판 시와사람
등 록 | 1994년 6월 10일 제 05-01-0155호
주 소 | 광주시 동구 양림로119번길 21-1(학동)
전 화 | (062)224-5319
팩 스 | (062)225-5319
E-mail | jcapoet@hanmail.net

ISBN 978-89-5665-616-8 03810

값 10,000원

* 잘못된 책은 바꾸어 드립니다.
* 이 책은 (재)순천문화재단 2021년창작예술 지원사업의 보조금 지원으로 제작되었습니다.

태산목 그대

조금씩
천천히
따뜻하게

아프고
슬프고
외로울 때마다
따뜻이 손 잡아주던
당신께
이 시집을 바칩니다

1996년 아이를 낳았다. 임신중독증 때문에 일찍 아이를 낳아 아이는 인큐베이터에서 자라고 나는 그때부터 엄마가 되었다. 그러나 건강하지 못한 엄마였다. 임신중독증이 해소되지 않아 고혈압이라는 만성병에 시달리기 시작했다. 더구나 임신성 당뇨가 겹쳐왔다. 그때부터 매일 고혈압과 당뇨에 대처하는 작업에 돌입했다. 매일 고혈압과 당뇨 수치를 쟀다. 고혈압은 매일 아침에 한 번, 당뇨는 끼니 때마다 세 번 쟀다. 먹는 것을 꼬박꼬박 기록했다. 세 달마다 병원 진료를 받고 안과도 잊지 않았다. 그러다 허리디스크와 척추관협착증으로 수술을 하고, 그때부터 세게 걷거나 달리기를 제대로 못했다. 어려서부터 운동에는 전혀 능력이 없었는데 몸이 비대해져 있었으니 자주 휴직을 했다. 고등학교에서 국어를 가르치는 교사였다. 명예퇴직을 신청했으나 번번히 미끄러졌다. 경력이 모자랐다. 그런데 아이가 대학을 합격하고 그 기쁨을 누리러 해외여행을 갔다.

방학이었다. 여행 마지막날 몹시 피곤한 채로 잠이

들었는데 나는 일어날 수가 없었다. 말도 나오지 않았다. 뇌출혈이었다. 눈을 떠보니 나는 오른쪽이 마비된 상태였고 전혀 말을 하지 못하였다. 한 손으로 휴대전화를 들고 잘 아는 장학사에게 전화했다. 말을 못하니 들고만 있을 수밖에……. 내 전화번호가 뜨니 장학사가 남편을 통해 사태를 알게 되었다. 그래서 나는 명예퇴직을 하였다. 물리치료를 하느라 병원에서 6개월을 지냈다. 퇴원을 하고 통원치료틑 다녔다. 그러면서 많은 환자를 만나고 그들과 함께 아픔을 나누고 슬픔을 나누었다.

학교를 그만두려고 명예퇴직을 했으나 제자들이 그리웠고 꿈에서 계단을 오르내리며 교실 문을 열었다. 특히 방학이나 시험 때가 되면 학교가 떠올랐다. 나는 그때 그동안 써왔던 시를 모아 첫 번째 시집을 폈다. 『아주 가끔』이었다. 다음 해에 산문집 『봄 배달 왔습니다』 였다. 인생 1막을 정리하고 2막을 준비한다는 생각이었다. 그래서 이번 시집은 무엇보다 아팠을 때의 슬픔, 자유롭게 사람을 만나지 못하는 쓸쓸함이 많다.

게다가 외로움도 그래서 아픈 사람들과 소통하고 자주 감동하는 내용의 시가 대부분이다. 특히 꽃과 새에 대한 애정을 그림으로까지 그려서 차곡차곡 쌓아놓았다. 이 시집 표지와 각 부에 그려진 그림이 내 외로움의 성과물이다. 거의 매일 그리는 그림을 봐주는 고마운 사람들을 소개한다. 나를 시인으로 키워주신 스승님들이 계신다. 조남이 선생님, 정인기 선생님, 이성관 선생님, 김순병 선생님이 계신다. 동사섭(성희영), 한혜강, 신선주, 박점덕(박해미 시인), 채의정 시인, 이지현, 정현아 사진작가, 이금자 마르셀라님, 슬뫼회원들, 김남주 선생님, 내가 병원에 있었을 때 간병인 김은숙씨, 야생화그리기 회원들, 중학교 때부터 나의 멘토였던 동화작가 김화숙 꼬마언니, 그리고 소중한 나의 피붙이 언니와 동생들, 남편과 아들, 시어머니에게도 감사 인사 드린다.

아플 때마다 슬프고 외로울 때마다 손을 꼬옥 잡아주던 아름다운 사람들! 주님의 은총과 축복 가득히 내리시길 빕니다. 고맙습니다. 감사합니다. 사랑합니다.

김미순 시집 / 차례

1 꽃

2 아픔

3 추억

4 사람 보물

1

꽃

태산목

이름처럼 크다
이름처럼 푸르다
당당한 꽃
내 곁에 있다

더 이상 말로 이를 수 없는
내 남편

틈

나와 너
같이 살면서
자주자주 생기는
틈

옆으로 밑으로
넓어지고 깊어지고

어떻게 해야 하나

밤낮으로 쏘다니며
문득 바라보면 보도블럭
민들레 하나
틈을 메우고 있다

보도블럭 위에 새싹 21. 8. 20. 선정

겨울 나무에 서다

잎이 사라졌다
가지도 부러져 앙상하다
바람에 휘청댄다

인내의 뜨거운 고로쇠가 흐르고 있다

수선화

대한이 아직 멀다

햇빛 따라
서둘러 잎을 꿈틀댄다

힘차게
힘차게
끌어 올려

꽃을 피우리라
샛노랗게
활짝 꽃을 피우리라

제라늄

앗!

어느새 또 피었네

작년 올해가 아니다

한해 동안
시도 때도 없다

피고지고
피고지고
쉼없이 피고지고

너도 그러렴
나도 그러고 싶다

무궁화

해걸음
귀신이 나온다고
정신없이 뛰놀다가
퍼뜩
학교를 빠져 나왔다
무궁화 꽃이 잔뜩 떨구어진
변소 울타리를 흘깃거리며

아침나절
햇빛에 이슬 머금고
무섬증 떨치고 생글거리던
우리를 반긴 무궁화

무궁화가 가득했던
우리학교

어디였더라

아카시아꽃

-김순병 루피노 시인

꽃을 다듬으며 사시는
시인

때론 아픈 이를 위해
기도하고
봉헌하며
봉사하신다

여고시절
꽃내가 그득하신
담임 선생님

야간 자율학습 시간
저녁밥을 드시고
들어오신 선생님 놀래키려고
교탁에 한가득 쌓아놓은
아카시아꽃

함박 웃으며
5월을 듬쑥 드셨다

21. 3. 22. 선정

수국 1

하얬다가
파랬다가
보라였다가

둥글게
둥글게
점점 커졌다가

따뜻한 품
나를 안아주는 친구

너는
수국

삼산(三山)

특별한 바람에
꺾인 줄 알았다
세 개의 봉우리
삼산(三山)인데
한 개의 허리가
뭉텅 잘렸으니

산의 정기를 끊으려는
쇠막대가 꽂혔으니

뿌리째 뽑아낸 그 자리에
꼭꼭 심은 소나무

무럭무럭 자라서
산의 정기
쑥쑥 이어가렴

도둑가시풀

기다린다
기다린다
기다려지는 아침

반월*에 나타나는 그녀*
아직 모른다
신발에 묻어나는
나의 향기를

봄 여름 절기절기
훌쩍 넘기고
드디어 가을에는
그녀에게 슬며시 달라 붙으리라
착 달라 붙어서

나는 그녀에게 진주가 되리라
나는 그녀의 진주

*반월 - 마을 이름
*그녀 - 박해미 시인

빙글, 제라늄

문득 돌아보면
빙글빙글 즐거울 때
기뻐 손뼉을 칠 때도
고마워, 가슴이 두근거릴 때
자랑하고 싶어
감사할 때도

아, 그래

그것이 너의 전부이네
내가 제일 잘났어
변함없이 빙글 피어 있더군

소나무

슬픔
아픔
상처의 파편

고요하게
단단하게
의연하게

진달래 피다

온 식구
소풍나왔다

하하
호호
산 속에서
맛난거 펴 놓고

땔감 지고 내려오던 길
반쯤 눈 뜬 진달래 들고
졸래졸래

대문 들어서자
그 진달래
화들짝
펴 버렸다

금목서

불볕
땡볕
돌아서지 말라고
들어서지 말라고
담장 에워싸며
칼날로 감싸다가

왈칵 쏟아내는
핏빛 슬픔
그리움

금목서
네가 오는구나

일일초

폭염이라지

머릿털 벗겨지고
살이 타니
밖에 나가지 말란다

아버지

천국에 어머니가 데려가시길

하루하루
피었다지고
피었다지고
여름이 다간다

맥문동

소가 먹으면 안된다는
이름을 기억했지
하도 신기해서

키 큰 나무들 밑에서
엷게 내리는 햇빛 받으며

가슴 가득
사랑 키우며

너를 기다리며

극락초

미세먼지 잡는다고
공기청정 시킨다고
꽃이 안펴도
잎만으로도 예쁜나무

홍콩야자
벤자민
세덤
수수장구

극락의 평화 앞에
무릎을 꿇는다

노랑딱새
21. 8. 31. 선경

냉이꽃

꽃샘추위 매운 바람에
하얀 눈송이를 흔드는
냉이꽃

마음길 따라
밑으로 옆으로
깊이 뿌리 박아

한 생애
꼿꼿한 봄의 전령사

피어나는 이유

도심 아스팔트 틈새
들판 난장
바위 아래

민들레
제비꽃
할미꽃

수줍게
애처롭게
몸을 낮추며

피었다고 노래하지마라

아름답게
찬란하게

피어나는 이유
네가 있음이지

수수꽃다리

아프고 힘들었던
옛날이 그리울 때

그날들은
혼자가 더욱
적적하고
슬프고
애련하였지

때로 서운하고
때로 원망스럽고
때로 울분을 터뜨리며

빗줄기 아래서도 좋고
또 훌쩍거리기도 하는

아파트 한 켠에
너같은 수수꽃다리가 피었다

코스모스

기적의 만남

패랭이
상사화
금송화
옥잠화

같은 날
혁명을 일으킨다

그 복판에
나도 끼워 달라고
여릿여릿
아우성이다

부활

가슴 떨리게 피어나던
꽃들
숨을 헐떡이며
여름 땡볕에 몸을 비튼다

급히 물을 뿌려보지만
멀리멀리 날아가는 영혼

내년 봄이면
어림없이 살아날거라
굳게 믿는다

긴 한숨을 쉰다

연(蓮)

도롱뇽, 개구리, 잠자리 유충
물배추, 부레옥잠
불미나리, 물봉선까지

시끌시끌 복작복작
비좁은 연못

아직
잎과 꽃이 없는
뿌리만 생긴
연(蓮)이 비집고 들어왔다

내년 여름엔
심장을 태울만큼
너른 품

내 소중한 친구같은
연꽃이 피어나리라

달맞이꽃

엄마를 잃고
치매에 걸린 아버지
요양원에 보내고

제 생을 산다고
삼수생
대입을 준비하는 딸 앞에서
저녁을 마련하면서

무거운 짐이라고
굳은 얼굴로
올려다 본 하늘

별 돋은 저녁
시큰한 슬픔으로
달맞이꽃이 피고 있다

질경이

희미한 길
구부정한 언덕까지
무성해지고
번져서

깊은 산
동굴까지 파고들더니

두 갈래 난
우리 마음까지 덮어 버렸다

겸손 1

거실 화초 탁자에
장미 허브

번지는 향기만큼
가지와 잎도
부쩍부쩍

화분 크기를 넘어
옆으로 밑으로
너무 풍성해져
잘라주고

한 가지
두 가지
다른 화분 꽃 옆에
꽂아 주었다

어느새 자리를 잡고
옆 화초의 어깨에 기대

무럭무럭

의지하며 사는
우리네 삶
거뜬히 새 잎을 내민다

수국 2

시퍼렇구나
팔이고
다리고
허벅지고
어깨까지

어디서 다쳤는지
무엇에 부딪쳤는지
잘 몰라요

혹시
당신의 비수같은 말에
난도질 당한 상처일까요

마음껏 걷지 못하고
마음껏 쓰지 못하는
슬픔의 멍일까요

파랗게 익어가는
늦여름 수국 밭에서

저녁 꽃밭

병꽃을 따가는 사람들의 발소리
병꽃 아래 주름잎
새초롬 웃는다

장미꽃을 꺾어가는 손길
장미 아래 계요등
와글거린다

철쭉을 부지르는 발길질
철쭉아래 별꽃
재잘거린다

고와서 예뻐서
날 저물도록 부들부들
떠는 꽃들

조그맣고 약해서
별빛 가득가득
받는 꽃들도 있다

봉화산

봉화산에 가잔다
시간내서
봉화산 둘레길을 걷잔다

그 곳에 가면
생전 보도 못한
작고 예쁜 꽃이 지천이고
가을엔 도토리도 많단다
청솔모 다람쥐도
오르내린단다

가끔 고라니 노루도
만난다니
뚜벅뚜벅 걸어 보잔다

친구야
나는 바라만 보련다
가지가지 사는 것들이
고요히 깃들도록

나는
올려다만 보련다

춘분에 비가 오다

비켜가소서
슬몃슬몃 발걸음 옮겨 다니며
조심조심 비켜가소서

너울너울 넘실거리는 잎이며
길 잃은 나비
당당히 불러 모으는 꽃

울타리 친 나의 영토
빗길에 떨고 있으니

난타나

문을 열어주오
물도 주고
햇살도 한 움큼

턱턱 막히는 숨도
뚫어주고
마른 줄기 말랑말랑
뿌리가 촉촉하도록

비명을 지르는
베란다의 난타나

천리향

각박하였다
길벗없는
마음의 여정

구름세상
대롱진 줄기
잃어버린 향기

언제쯤
따스한 햇살 더불어
다가갈 수 있을까
네게

호접란

아주 오랫동안
외로울 틈이 없었다
어머니는

꽃이 보이지 않았고
봄인 것도 몰랐다

이제야 어머니는
외롭지 않으려고
물을 주신다

벌써 나는

벌써 나는
걱정할 일도
슬퍼할 일도
안타까울 일도
기쁠 일도 없는가

모여서 토론하고
방책을 논의하고
어두운 밤길을 터벅터벅 걸으며
뜨거운 눈물을 쏟아내는 일도 없이

돋아나는 새싹에
조그만 꽃봉오리에
엷은 미소로 인사하고

떨어지는 동백꽃이 되어
따스한 땅에 안겨있다

풍경화

하늘은 엷게 그려주고
하늘 밑 마을도 그린다
논도 소도 물도
가끔 백로 한 마리도 화면을 내준다

고구마순 강낭콩 들깻잎
바리바리 싸서 내놓은
시장바닥의 비린내도 자리를 내주고

횡단보도 건너 버스정류장
차가 막히면 매연에게도
색깔을 입힌다

고물도 너끈히 끌어안는
너저분하고 복잡하고 긴 슬픈
풍경화다

쇠비름

상가 주변 미용실 입구
쇠비름들이
삐죽삐죽

어릴적
밭에서 뽑혀나가던 녀석들이
잊지않고
또다시 손을 내밀고 있구나

주머니

무엇을 넣을까
무당벌레
메뚜기
개미녀석들

뱀딸기
돈나물
졸고 있는 뱀 한마리

여름 낮달까지
넣어서
나의 주머니에 넣어서

언덕 어름에
큰괴불주머니가 되어라

꽃길

어렸을 땐 어둔 길이었다
꿈이 없던 시절
깜깜했다
길을 가늠하기 어려웠다

꿈이 생기면서
갈팡질팡 절뚝거렸다
이루고 싶었고
뭔가 될 듯 될 듯 하다가 멈춰버리고
아주 어둔 밤이 계속되었다

그러다 지치고
이내 쓰러졌다
얼기설기 꿰맨 마음으로 쪼그라졌는데

어디선가 꽃향기가 솔솔 잠을 깨우고
새로운 무지개빛
꽃길이 펼쳐졌다

2

아픔

자리

양팔을 쫙 펴고 반듯이 누워 잔다
어쩌다 이쪽저쪽 꼬불쳐 자기도 한다
살이 쪄 쌕쌕거리며 코를 곤다

식구도 코골이가 심해
우리 둘은 서로 먼저 자면서
각방을 쓴다
이십 년이 넘도록 애를 쓴다

요즘 나는 그렇게 누워 잘 수가 없다
제대로 일어날 수도 없다

오른쪽 다리에 힘이 없어
왼쪽 발과 왼쪽 다리에 의지해서 일어날 때
십 분은 기본이다
화장실이 급할때는 오줌을 벌벌 싼다

결국 소파에서 잔다
다리와 팔을 소파 넓이만큼 벌리고 잔다

일어나기도 버겁지만
미끄러지지 않으려고 용을 쓴다

나의 자리는 바로 이만큼이구나
관 크기
죽을 때의 자리구나
생(生)이 사(死)로 가는 발걸음인 것을

물리치료 1

다리와 팔
전기치료

너끈한 인생 앞에
조그맣고 어설픈
내 삶

물리치료 받으러 갔다가
기정떡, 쌀튀밥
허벌나게 얻어 먹었다

등불

어디로 가는가
어디로 가는걸까

정신을 잃지 않으려고
아득한 마음을
꼭꼭 챙기며
좌우의 무슨무슨 방을 가늠하며
실려간다
실려간다
침대에 맡긴 채
누워 실려간다

어디로 들어가든지
나를 내려다 보는
희미한 혹은 또렷한 등불
그대

밥

새벽부터 이웃에서
스멀스멀 퍼져오는
고소하고 구수한 내

흰 쌀밥에 생김치 얹어
모락모락 살맛나는
아침

저염식에 맵고 짠 거
가려 먹는 내겐
고역인 밥
슬픔인 밥

매생이

속이 쓰렸다
뭔가를 먹으면
토하기를 여러번

매생이 국을 끓여 먹으면
말끔히 나을거라 귀뜸한다

어서 빨리
먹어 볼까나

발버둥치는
서글픈 나의 아우성

당뇨 전쟁

밤에는 운동하지 말기
낮에 힘들게 움직이고 운동하였으니
저녁엔 일찍 자고 푹 자기

혼자 일찍 저녁 먹고
식구들이 와도 알콩달콩 지내지 못해
지인들과 간만에 외식해도 안돼
새벽엔 일찍 눈이 떠져도
다시 자기

생각지도 말기
글쓰지 말기
책 읽는 일 하지 않기

으이그, 자기에 몰두해야 한다는
강박증에
치솟는 아침혈당

물리치료 2

아침 일찍
병원으로 간다

석진할배
용신할배
영호할배

잠 없고 적적하여
자식자랑 밀물이고

예숙언니 딸들 자랑에
부러운 종자할매
남편 먹거리
시장에서 사다 놓고
출근하는 숙종언니

왁자지껄 한바탕 놀이판이다

부황

허리
어깨와 등이
시큰거리고 쑤석거려
쭉쭉 빨아 내었다

핏길이 제대로 뚫리지 않아

길이 마음대로 뚫리지 않아
삐뚤삐뚤 오락가락
부황이 필요한
내 인생

강

씩씩하게
당당하게
치열하지 않으면
죽어버릴거라고 다짐하지만

너는
온전히 사랑하지 못한 것
제대로 아껴주지 못한 것
같이 있어주지 못한 것

남기고 간다

흙터는 단단한 고집
흔적을 남기며 흐르나니

고백

금강이었나

잠 못들다
찾아간 강가
새벽안개에 갇혀있다
들켜버렸지

서로 외면하며
서리꽃 이고
몇 십 년

아직도
저 물소리는 그대로인데

망각

슬픔
분노
시기심
애달픔

어제 쌓인 앙금들
꿈의 뒤끝

질척거리는
아침

새로 태어나고픈
거룩한 열망

동백골에서

저녁 밤바다

사각사각 밀려오는
작은 파도

몇 번의 큰 파도
폭풍우에 놓친 손

슬픔과 분노의 섬이 되고

동백골에는
오늘도
사각사각 밀려오는
기도소리가 울린다

핸드폰

일어나자마자
왼손으로 전원을 켜고
시간을 확인한다

시어머니께 안부전화를 하고
밤새 올라온 뉴스를 본다

언제 또 문자가 오나
몇 번이나 귀를 쫑긋거린다

은행일도 보고
재산세도 수납하고
글을 쓰고
그림도 그려 올린다

밥 먹을 때
운동을 할 때도
줄 끊어진 거미가 될까
오른팔이 된 핸드폰을 어루만진다

매일 나는

커피캔디
아몬드사탕
초콜릿

달콤한 커피 앞에
항복

에이스
땅콩샌드
참크래커

그림 그리면서
책을 읽으면서
바삭바삭 삼킨다

앗,
실수, 방심
뉘우치고
후회하고

매일을
반복해서
나와 싸운다

*나는 당뇨 환자다

소리

밖에서 들어오자마자
라디오를 켠다
음악을 들으면서
책도 읽고
그림도 그린다

코로나 소식이 궁금할 때는
라디오를 끄고 티브이를 켠다
한순간도 조용히 앉아있지 않는다
새벽에도 어김없이
티브이로 시작하니 말이다

두렵다
조용한게 무섭다
혼자서도 꿋꿋이 버틸 수 있기를
오늘도 서툴게 시도해 본다
고요에 익숙해지기

옹이

혀를 깨물어서
심하게 매운 것을 먹어서
혀에 상처가 났다

김치도 씻어 먹고
어떠한 반찬도
두려운 날이
십여 일

내가 낸 상처
가만 두면 나을텐데
소나무 가지에 난 옹이처럼
새로운 길을 만들기도 하면서

애써 만지고 긁어
덧나게 한다

균형 잡기

넘어지지 않으려고
난간 손잡이를
꼬옥 꼭 잡는다

왼쪽 팔에 힘을 주고
힘껏 오른발을 내딛는다

반듯이 쓰려고
왼손에 펜을 잡고
꾸욱 꾹 눌러 쓴다

너무 진하게 쓰려다
옆으로 피익픽
삐쳐 버린다

하루에도 몇 번씩
내 마음은
삐뚤어지곤 한다

곰국

소 앞다리 살을
푹푹 고았다

넘치지 않도록
크게 작게
불을 살피며
하루내
땀을 흘렸다

삭삭 아리는 관절염도
욕심에 찌든 마음도
다 사라지라고

마비된 오른손에게

이제 너는
편히 쉬어라

왼손이 힘들다고 씩씩거려도
너는 가만히 있어라

세수를 할 때도
밥을 먹을 때도
운동을 할 때도
이제는 얌전히 있어도
괜찮아

책장을 넘길 때도
끄적끄적 시를 쓸 때도
삐뚤삐뚤 편지를 쓸 때도
다소곳이 있어도
괜찮아

물감을 묻혀가며 그림을 그릴 때도
고요히 있어도
괜찮아

가끔
드륵드륵 맛사지만 받아라
마비된 내 오른손아

21. 3. 8. 선경

달리기

내가 제일 못하는 건 달리기
남과 겨루기는 엄두도 못내
그저 천천히 걷는 것이 대수

대학시절
통학기차 타려고 달리고 뛰고
해마다 오월이면
힘찬 구호 외치다가
최루탄에 쫓겨
학교 뒷산까지 뛰고 달리고
어둑해진 밤길
사복경찰 따돌리려 뛰고 달리고

교사시절
전교조 합법화 참교육 시위로
또 달리고 뛰고

남편이 그런다
보폭을 넓히고

어깨를 펴고
목을 반듯이
속도를 높여서 걸으라고
그러면 달리게 될거라고

남편 손에 의지해야 하는 나에게
달리기를 제일 못하는 내게

동사섭

그녀는
허겁지겁 달려왔다
한쪽 몸이 마비되어
산소통을 메고 공항에서
병원에 실려 온
나를 보러
반 아이들 문집은 뒤로하고

우리는
아이들을 끔찍이 좋아하며
동사섭이 되었다

그녀는
퇴근하면 꼭 운동을 하고
방학하면 명상하며
나의 부러움을 샀다

아이들을 만날 수 없는
슬픈 내게

가끔 아이들 소식을 전한다

출장 다녀오다 찾아와 주는
동사섭,
나는 외롭지 않다

*동사섭 – 여수 여도중 성희영 선생님

붉은목벌새
21.9.6. 선경

짝다리

하도 더워
옷장에서 반바지를 내었다

심하게 절룩거린게
이거였구나

한 쪽이 마비되어 무겁더니
오른 다리가 심하게 짧아 있구나

바르게 걷는 꿈에서 문득 깨어나
휴,

절룩거리더라도 걸을 수 있는 것에
감사하는 아침

불길

두렵다
너의 손톱에 할퀴어
죽음의 문턱을 넘을까
행여 생때같은 아들 두고
사라질까
참으로 크고 거대한 존재
나도 너만큼 뜨거울 수 있을까

3

추억

내가 나으면

가벼운 배낭 달랑 메고
산에 가고 싶어
김밥 싸고
물 한 병 넣고
등에 땀 조금 흘리고
새소리 벗 삼아

내가 나으면
한글 못 깨우친 엄니, 아버지
하하호호 웃으며 깨작거리며
한 글자씩 가르쳐 드릴텐데

내가 나으면
아가들 책 읽어주며
한껏 하루를 보내고 싶어
아가들 귀여운 온실에서
뜨거워지고 싶어

내가 나오면
감자 심고
콩 심고
고추 심고
고구마 심고
마늘 양파도 심고

하지만 이 겨울엔
창문에 갇힌
한 마리 뱀이 된다

꿈 1

우리 교실이 어디지?

1층이었나?
2층이었을까?
계단을 올라가면 가까웠나?

헤매고
헤매고

왔다갔다 헤매다가
문득
깨어난 밤

TV에서 학교 일이 이슈화 될 때
이미 떠나 온 학교가
밤을 헤맨다

꿈 2

밤마다 벌어지는 만찬
자장면
칼국수
단팥죽
군고구마
귤, 사과, 배가 곁들여지고

삼계탕
아구탕
삼겹살

밤마다
그득그득 먹어대는
항거하지 못하는 나의 꿈

꿈 3

물리치료를 마치고
걸어서 집에 오리라

장미모사에 들러
뜨개옷을 뜨고
애견실에서
예쁜 강아지와 눈을 맞추고
정패션에서
옷 치수가 맞나 어쩌나
몸에 대보고
어쩔때는
튀김 가게에서
고구마 튀김으로 허기를 달래야지

봄이면 꽃집에 들러
제라늄, 후레지아
욕심부려 사야지

지팡이도 짚지 않고

오른팔에 불끈불끈 힘이 솟으니
무엇이 두려운가

꿈 4

텃밭을 가꾸리라

토마토
가지
들깨
고추
딸기
옥수수
소불

호미로도 일구는 작은 땅
때로 풀을 매며
기다리는 세월이 옴팡진 여름
한 끼에 한 움큼으로 너무 넉넉한
텃밭

설레고
설레던
입춘

교정에서

벚나무
갈참나무
상수리 나무

골골이 들썩이는 바람과 함께
빛바랜 내음
질건한 잎 잔치로
분주한 오후

아직도 겁이 날까
아쉬움과 후회로
아슬히 손 매단 오십 넘은
단풍잎 하나

이제야 돌아보는 특강제목
"맨몸으로 절망하기"

졸업식

엄마

아침일찍 다듬은 얼굴
마지막으로 갖춰 입은 교복
깔깔거리며 옹기종기 오르던
등굣길

오늘은 지각 않고
의기양양 학교에 왔어요

제 걱정은
그만 내려 놓으시고
가슴에 쌓인 응어리도
이제 내려 놓으시고

엄마
예쁜 꽃다발 속
노란 나비가 되어 날아갈께요
노란 고래가 되어 너른 바다 향해

쉬엄쉬엄
천천히
그치지 않고

*세월호 침몰 사건으로 희생된 단원고 학생들(250명)의 늦은 명예 졸업식

영화관에서

1987
박종철 고문치사를 소재로 한 영화
세상은 들썩들썩
바쁜 일정 시간 쪼개 나란히 앉았다

아들은
굳은 표정으로 화면에 집중하는데
점점 얼굴이 일그러지고
가슴이 두근대는 나

30년전 그 날이 떠올랐다
발가벗고 맞았던
아프다는 것보다
컸던 두려움

괜히 왔다
나는 잠든 척 눈을 감았다

들길

들길을 거침없이 달린다
달린다
숨을 헐떡이며
엄마의 품으로

콩밭을 매고
언덕에서 오디 따서
보랏빛 내음 가득 물고
사목사목 내려오던

지금
헤매고 헤매이는
들길
엄마는 볼 수 없으니

영영 볼 수 없으니

밭

배추, 무
호박, 감자, 소불, 시금치, 열무
얼갈이 배추까지
주인이 둘인 우리밭

아들이 어렸을 적
외지로 떠나버린
우리동네
옥배엄마

젊었을 때 왼손을 잃고
오른손 하나로 뭐든 척척

한두 줄 고랑을 남기면
고맙다며 애달피 거두어 가는
옥배엄마

불

자연시간 배운
융기

굴껍데기 찾아
오르고
오르고
오르고

어디선가
불꽃이

다급한
아버지 목소리

진달래
불이 번졌다

갈치조림

여수 맛집으로
유명한 갈치조림 식당
하도 궁금하여 어렵게 예약 후
자리를 잡으니 모든 게 셀프

이것저것 향토 반찬들도
그득

허걱,
눈물이 솟네
젓가락을 들 수가 없네

보리 타작을 하는 날
학교에서 오면
두 토막 남겼다가
꺼내주시던 엄마 생각

그날
다 먹지 못한
갈치조림

해우*

바닷바람
산들산들

두 장씩
설렘으로 환호

아끼고
아끼고
아껴먹다가

빼앗기고 마는
해우

마음껏 드시라
마음껏 드시라
동생아

*해우 - 김

어린이날

출렁출렁
흔들흔들

한 발은 부두
한 발은 배

배 모퉁이
떠 보이는 고둥잡다
물 속으로 풍덩

두려움에 떨던
어린이날

아버지
시장표 어여쁜 봄 잠바
어린이날 선물로 사주셨지

아직도 어른이 되지 못한
나

순천 아랫장

완두콩
감자
미나리
꼬막
옻칠 껍질
상추모종
고추모종
옥수수 모종

복작복작 국밥집
서성이는 아재들 틈에
차비가 모자란다며
카트를 밀고 버팅기는 내게
부끄러이 손을 내미는
쪼글쪼글 할아쎄

봄 햇살 스멀스멀 따스해서
선뜻 주머니를 연다
사랑더미를 풀어풀어

자매여행
-핀란드 아침 리조트에서

오로라를 보고 싶었다
순록을 타고 설경을 감상하고 싶었다
산타마을에 가서
일년 후 받아 볼 엽서도 쓰고 싶었다

그래서 우리는
핀란드 아침 리조트에 왔다

눈도 없고
순록도 없고
산타마을도 개점 휴업한지 오래
남쪽바다

장마와 안개
파도와 갈매기만 웅성대는 이 곳에서
우린

서럽고

애달프고 안타깝고
슬픈 일상들을 쏟아내고
맛있는 거 사 먹으라며
용돈도 두둑히 챙겨준
남편들 자랑도 하고
앙탈도 부려가며
시간을 잊었다

해마다 돈이 없어
동생들에게 기대였는데
올해는 제대로 쏘겠다며
택시비도 선뜻내고
먹을 것도 가지가지 사는 언니

직장 동료가 추천한
비장한 여행지라고
발 빠르게 예약한 동생
밥하고 국 끓이고 삼겹살 굽는데

나는
훌쩍훌쩍
눈물같은 바다만 그린다고
그림을 그린다고
따뜻한 커피라도 달라고
어리광만 피우고 있다

어머니의 글씨

어머니는 궁금했다
자식들 이름을 어떻게 쓰는지

여섯 자식들 이름 앞에
'김'자는 다 들어가고
아들들 이름은 '민'자로 시작하고
딸들 이름은 '미'자로 시작하는데

아버지는 밤낮으로 연필을 내밀고
안단께
하루내
쓰고 쓰고 또 쓰고

전화번호 속
가스, 병원 틈새에
둘째 '김미순'
조그맣게 써 있었다

고사리

고사리 끊으러 산천을 헤맨다
일년내 두고두고
나물로
찌개로 일어설거니
멋지게 일어설거니
따가운 햇살 등에 지고
영혼만 북적이는 산소 언저리
어머니 곁에서 고사리를 끊는다
구부린 어머니 같은
고사리를 끊는다
하루종일

4

사람 보물

21. 3. 16. 연경

종종 나는

종종 나는
남편이 때밀이였으면 한다

널찍한 등판
뒤쪽 어깨와 팔, 다리
똥꾸까지

앞으로 돌려
풍성하게 도드라진 젓가슴 밑까지
축축 처진 뱃살하며
은밀한 그 곳까지

쓱싹쓱싹

덕지덕지 엉겨붙은 외로움을
때와 함께
말끔히 씻어주는
남편이
나만의 세신사였으면 좋겠다
종종

폭염

밖에 나갈 수 없어
덜덜덜
돌아가는 선풍기

벗은 몸 내맡기고
얼핏 든 잠

천국에도 폭염이 있을까
휴가 나온 엄마

붕어빵 아이스크림 넣어드렸다
시원타
입이 덜덜덜

그대 오소서

-여수투데이 1주년에 즈음하여

그대 오소서
어서 오소서, 그대여

개도, 연도, 낭도
죽도, 경도, 묘도, 백도
금오도, 나발도, 거문도, 월출도, 화태도
골골이 어룽어룽
순한 아낙과 더불어

돌산, 소라, 화양
섬달천, 복촌, 만성리, 모슬포에서
방동사니, 왕고들빼기, 털머위
화살나무, 조팝나무, 때죽나무, 꽃댕강
눈길로 더듬고
손길로 보듬어 안고서

구봉산, 마래산, 종고산
고락산, 봉황산, 영취산, 호랑산

어둠에서
밤을 지키는 올빼미의 눈으로
어김없이 매다 꽂는
매의 날갯짓으로

그대 오소서
어서 오소서, 그대여!

미옥씨 1

쪼빗쪼빗
얼굴 내민 매화
겨울잠 덜 깬 밭에서
호미질 바쁘다

가만 있어도
봄은 오고

서둘지 말자고
애써
다독이면서도

골골이 밭고랑 만드느라
못 편 허리
뻐근한 다리

살아내기 벅차
하도 벅차
억척을 부리는 게

하, 서러워도

고개들어 꽃 보며
꽃을 보면서

언 땅을 판다
눈물을 갈아 엎는다

미옥씨 2

오이를 따다가
순을 잡다가
밭을 매다가
호박을 거두다가
고추를 따다가

불쑥불쑥
올라오는
원망
분노
아픔들

비우고
내려놓고

붉게
벌린
석류

미옥씨 3

평생을
농사일에 겁없이
달려드는 미옥씨
만나는 아짐씨들
왁자지껄 수다에
그런 이웃들이 좋다

걸음 못 걷고
팔에 힘없는 동생
밥 준비해 주고
청소해 주느라
더욱 분주한
미옥씨

그래도
동생 챙기는게
가장 좋다는
미옥씨

미옥씨 4

애야, 눈을 흘기고
말을 자르고
자기자랑으로 뽐내고
너보다 먼저 하려고 밀치고
걷기가 어눌하다고 비웃고
그것도 못하냐고 비아냥거리고
거짓말로 약 올리고

시원코 잘했다
그럴줄 알았다며
고소해 하지 말거라
분노의 씨앗들 남기지 말거라

되려 니 가슴에 응어리가 될테니

걱정마세요

연락도 없이
늦다가
급기야 전화도 끊긴 남편

별의별 사건과 사고를 넘나들다가

한때는 무너지는 돌이 되기도 하고
한때는 폭풍우가 되기도 했다가
또 한때는 성난 구름도

걱정마시라

바지

키가 작고 몸이 울퉁불퉁
옷을 살 때마다
수선은 필수

고급진 옷은
매장에서 고쳐주지만
시장에서 산
만원짜리
오천원짜리는
오로지 내 몫

그때마다 시어머니께 슬몃 내민다
오래된 재봉틀
뚝딱뚝딱
몇 번이면
길이며 소매는 금방

단추달기
후크 옮기기까지 문제없다

오른쪽 팔이 마비된 나
그녀는 내 손이다
아!
나아지지마라
회복되지마라

바느질하는
눈길손길
오래도록 보고싶으니

공

동생네가 왔다
어느 누구보다
사랑스럽고 든든한 조카녀석
나를 설레게 한다

훌쩍 큰 키
손에 든 만만치 않은 공
내 키를 넘실넘실 뛰어 넘으며
정원 꽃밭 사이로
공을 튕겨 올리는 솜씨

어쩔거나
사람이 꽃보다 귀하다더니
아내가 좋아하는 꽃이 다칠까봐
조마조마

꼬마언니

내게는 언니가 있다

꼬마가
키가 작아 꼬마이고
겁이 없어 꼬마다

먹고 사는 거 먼저 걱정 않고
한 쪽에서 버림 받은 사람들과
올망졸망 즐겁게 산다

육십을 훌쩍 넘긴 꼬마언니

진도 구기자, 연잎가루, 비트
내 몸에 좋다 싶으면
친정 엄마가 된다

아버지의 애인 1

따릉
따릉 따릉

시멘트 공장에서
일 마치고
빈 도시락 달랑거리며

바다에서 미역
밭에서는 배추, 무
야간 자율학습 마치고 오는
딸내미 가방 싣고

깔끄막 경사진 길을

생생
새앵생

매일을 그렇게 보내시다가

따르릉
따르릉

아버지와 함께
먼 길 가시었다

종소리만 남긴 채

아버지의 애인 2

힘을 잃은 다리
부릉부릉
스쿠터가 제격

두부, 달걀 사고
돼지고기 한 근도 끊고
시장, 은행, 병원
바쁠세라

딸 자식 좋아한다고
문어, 뽈락 잡아
호박과 함께 실어오시고

손주 앞에 태우고
아랫마을 구멍가게로
휘리릭
아이스크림 한 입 물리셨다

술 먹고 타면 안된다고
자식들에게 빼앗기고

또 사고 또 사더니만
심부름 시킬 애인 없어지니
빨간 스쿠터도
안녕을 고하였다

동화구연

올해는 뭘 배워 볼거나
윈 팔 윈 다리로
거뜬히 할 수 있는게 있을거나

문화원
평생교육원
주민자치센터
뚫어지게 훑어보고 들여다보다가

아, 바로 저거야

책
아이들
이게 답이다 싶어
부리나케 수강신청
부랴부랴 강의실로 직행

"손뼉 짝" 하다가도
깨금발, 도와주는 짝꿍에게 미안하지만

엄마가 되고
돼지가 되고
꽃, 바람까지 되어본다

부겸이

이모할머니
같이 도깨비 친구
알지?

이 방 저 방 돌아다니며
장롱 침대 위 아래를 뒤져
"할미가 도깨비다" 하면
무섭다고 숨곤 했지

네가 머리에 손가락뿔 붙이고
도깨비라고 달려들면
할미는 꼬꾸라지며 살려달라고
애원하기도 했지

스무번 서른번
전혀 지치지 않는 도깨비 놀이

부겸아
깜박깜박 잊어버리는

도깨비
할미가 진짜
도깨비가 되어 버렸다

몽골에 가서

선교하러
사업하러
여행하러

칭기스칸이 되어
활 짊어지고 말을 탄다

지평선 드넓은 모래바람 속
하늘로 가는 혼백길까지
보고

어렴풋이 가려진
삶의 진실
희망을 보고 말테다

피사리

날마다 피사리를 한다
내 마음에
수도 없이 자라는
가라지

사람이 희망이지
몇 번이나 토닥토닥
어루만지며

새벽기도로
아침을 맞는다

새로운 만남

작은 물방울이
강물이 되기까지

강 가 이끼도
강 속 수초도
끈끈한 이웃이 되었다

구불구불 굽어진
강 줄기가
손을 내밀자

강변에는
꽃이 피었다
얼굴 환한
꽃이 피었다

치매

두근두근
살 부비며 살다가

집 장만하고
자식도 여우살이 시키고
알뜰살뜰 살다가

이젠 살만하다 싶을즈음
덜컥 그대가 갔다는데

그대 이름을 잊고
이젠 내 이름도 잊고

아직도 그대가 옆에 있다고
가슴 떨리는 사랑

만능일꾼

화장실이 막히면
그를 부른다

텃밭에 고랑을 낼 때도
고추밭 지줏대를 세울 때도
어김없이 그를 부른다

계약기간 끝난 직장
요즘엔
큰누나, 작은누나
병원행 운전사

산책시키던
단짝 강아지
으샤으샤
땀도 뻘뻘

나온 배 쏙 들어간
내 동생
민용이

열무김치 담기

구멍이 숭숭 난 열무
한 손에 칼을 잡고
오른손에 열무를 꼭 잡고
뿌리를 자른다
성공해야지
집중한다
무사히 빨간 함지박에
오지게 담는다

옆에서 마늘을 까던
언니와 동생에게
자랑스레 열무를 내민다
겉잎을 따지 않았단다
부드럽고 싱싱해 보여도
담가 놓으면
노랗게 떠버린다는 것
주부십단 언니말씀

열무를 소금에 절여 놓고

찹쌀죽을 쑤려고 물을 끓이고
마른고추, 마늘, 생강, 배, 사과, 대파
양파도 썰어 섞고
"깍뚜기도 담글거나"
머리만한 무가 있다고
동생에게 내미는 대장언니

몇 년전 내가 사드린
고추 가는 기계를
소환하여 양념들 들들들 갈리고
물끄러미 따뜻하게 바라보는 나

열무가 건져지고 무가 썰어지고
양념에 간 맞추며 설탕도 약간
언니가 직접 가꾼 참깨도 듬뿍 넣고

동생이 열무를 비빈다
교향곡처럼 열무가 버무려지고
무도 설렁설렁 비비는 동생

언니의 조언이 이어지고
먹어보라고 내미는 동생과 언니
고개를 끄덕이는 두 사람
문득 엄마가 생각난 나는
눈물만 찔끔

제법 큰 통을 내어
내가 먹을 것 먼저 담고
동생거
아들거
그리고 남은 것은 언니거
언니의 사랑 순위다

은하수뿌리집*

작고 아담한 시골집을 지은 친구야
예쁜꽃을 피워내는 마음에
한끼 밥을 부탁해

고슬고슬한 흰 쌀밥과
슴슴한 된장국
순박한 무김치로
한 상 그득히 차려주면 어떻겠니

주님의 은총과 축복이 깃들라고
이 집에 빵빵한 평화를 빌어줄게
둘도 없는 내 친구야

*은하수뿌리집 – 박해미 시인의 시골집

겸손 2

제발 말하지 말아요
토를 달면
간섭이 되고
간절히 말해도
짜증이 되어요

제발 말하지 말아요
칭찬의 말
위로의 말
격려의 말조차도
내겐
짐이 되어요

당신은 아시나요
오랫동안 바라만 보아도
꽃잎 입술 나눌 수 있다는 것을

받아주기

가끔
아주 가끔
짜증을 낸다
신경질을 부린다
아내인 내게
엄마인 내게

가끔
아주 가끔
돈을 빌려 달라는
사람이 있다
아주 잘 안다는 지인이
충분히 사귀었다고
생각하는 사람이

만만히 보였던가 내가
부자로 보였을까 내가

짜증을 받아주고
신경질을 안아주고
돈을 빌려주고

산처럼 큰 마음
바다처럼 너른 사람

정말 나는 이런 사람인가

가는잎구절초 21. 7. 22. 선경

여름날

여름날
비오는 날
언니야

고구마를 심자
노랗고 빨간
동그랗고 긴
파글파글한
고구마를 기다리며

비 그치고 나면
강낭콩을 심자
팥도 심자
토란도 잊지 말자

땀으로 적신 얼굴
수박 반쪽 베어 물고
빙긋이 웃음 짓는
언니야

여름일기에
나도 끼워주라

21. 3. 20. 선경

감동

당연한 줄 알았다
다리가 불편한 내가
넘어지지 말라고
누구든
손을 잡아주니까

당연한 줄 알았다
챙겨만 먹으라고
언니는 반찬을 만들어 주시고
시어머니는 구워 먹으라고
가지가지 생선을 준비해 주시니까

빛이 되고
소금이 되고
별이 되는 사람들

드디어
내 가슴에 꽃이 되었다

사막 2

별길을 더듬어 가는
어머니의 사립문

뜨시고 고요한 쌀밥
구운 김 두고
재잘재잘 재잘대던
동생들

허물어진 토방
흩어진 주인 잃은 신발들

해걸음
모래바람 곁에
트렘펫 한 소절
실어 보낸다

오빠가

사막 3

전갈도 도마뱀도
자취를 감추고

새도 바람도
아득히 멀어진

고비에 서서

홀로
침묵의 내일을
꿈꾼다

너는 내게

너는 내게
피신처

비가 올 때도
눈덩이가 덮칠 때도
슬플 때도

너는 내게
방패

아플 때도
쓰라릴 때도
욱신거릴때도

따스하고
넉넉하고
단단한

나의 집

구두

당신의 구두를 닦습니다
오늘

어지럽게 엉키고
구덩이가 파이고
돌밭이거나
돌밭을 헤짚으며
생채기와 핏물에 뒤덮이며
새로운 길을 찾는
당신의 발

오늘 아침
당신의
소중한 구두를 닦습니다

막둥이

형 누나 등 뒤에서
있는 듯
없는 듯

아픈 누나
마음 아프지 말라고
간지럽히고 웃겨주는 막내동생

벌써 흰머리를 긁적거린다